Inhalt

Anreizgestaltung als Führungsaufgabe

Kernthesen

Beitrag

Fallbeispiele

Weiterführende Literatur

Impressum

Anreizgestaltung als Führungsaufgabe

M. Sydow

Kernthesen

- Eine sinnvolle Gestaltung von Anreizen erhöht die Leistungsbereitschaft von Mitarbeitern. (1)
- Gerade in Krisenzeiten ist die Entwicklung und Umsetzung von neuen Anreizsystemen für Unternehmen von zunehmender Bedeutung. (14)
- Unternehmen können über eine variable Entgeltgestaltung sowohl Anreize zur Leistungssteigerung der Mitarbeiter erreichen als auch bei sinkendem Unternehmenserfolg die Personalkosten flexibel senken.

Beitrag

Anreize oder so genannte Incentives für Mitarbeiter zu schaffen, ist für Führungskräfte eine wichtige Aufgabe. Mitarbeiter sollen motiviert sein, ihr eigenes Potential zu entfalten und für das Unternehmen gewinnbringend einzusetzen. Um die Leistungsbereitschaft zu fördern, können sowohl finanzielle als auch soziale Anreize entwickelt werden. Daneben wirken Entwicklungsmöglichkeiten für den einzelnen Mitarbeiter und geschaffene Anreize durch Arbeitsinhalte motivierend und leistungsfördernd. (1), (4), (9)

Um eine Leistungskultur im Unternehmen etablieren zu können, müssen Anreizsysteme entwickelt werden. Dadurch können Mitarbeiter entsprechend ihrer Leistung bezahlt werden und das Unternehmen kann durch die entstandene Transparenz die Leistung besser einordnen. Nachfolgend werden Möglichkeiten extrinsischer sowie intrinsischer Motivation erläutert und beispielhafte Umsetzungen von Anreizgestaltungen als Aufgabestellung für Führungskräfte dargestellt. (3)

Möglichkeiten der extrinsischen

Motivation

Die extrinsische Motivation wird über externe Anreize, wie beispielsweise monetäre Anreize, gesteuert. Ein vom Mitarbeiter erwünschtes Verhalten wird nur durch eine zu erwartende Belohnung erreicht. Es gibt mehrere Möglichkeiten über extrinsische Motivation Anreize zu bilden. Sowohl kurzfristige als auch langfristige materielle Anreize werden eingesetzt. Diese werden im Folgenden näher beschrieben. (11)

Gestaltung von Short-Term-Incentives

Short-Term-Incentives sind Anreize, die über ein Zielvereinbarungssystem geschaffen werden. In Zielvereinbarungen sind vorgegebene Ziele sowie Beurteilungskriterien enthalten. Nach Ablauf vorgegebener Fristen wird die Leistung des Mitarbeiters danach gemessen und vergütet. (12)

Zielvereinbarungen und Incentives sind sinnvolle Hilfsmittel zur Unterstützung der Leistungssteigerung von Mitarbeitern. So kann beispielsweise das Gehalt als Sockelbetrag betrachtet werden. Hierauf setzt sich eine Prämie, Provision oder Leistungszulage. Auch die Vergabe eines Firmenwagens kann motivationsfördernd wirken. (6), (8)

Mögliche Voraussetzungen für eine leistungsorientierte Vergütung sind teamorientierte Arbeitsstrukturen, inhaltlich angereicherte Aufgabenstellungen für Mitarbeiter sowie Möglichkeiten der Weiterentwicklung von sozialer und beruflicher Qualifikation von Mitarbeitern. Eine Änderung der Führungsstrukturen sowie die Entwicklung eines offenen und kommunikativen Unternehmens fördern die Einsatzbereitschaft von Mitarbeitern. Anreizsysteme und Zielvorgaben werden von Mitarbeitern nur dann angenommen, wenn diese Systeme einhergehen mit Transparenz und Fairness. (3), (4)

Daher müssen auch einige Grundsätze bei Zielvereinbarungen beachtet werden. So muss die objektive Erreichbarkeit von Zielen sowie die Messbarkeit der Zielerreichung gewährleistet sein. Daneben ist es wichtig, dass keine Abweichungen zwischen der Zielvereinbarung und der darin enthaltenen Aufgabenstellung zur im Vertrag zwischen Unternehmen und Mitarbeiter festgelegten Arbeitsaufgabe vorhanden ist. Terminvereinbarungen für die ausgemachten Ziele sollten dokumentiert werden. Die anschließende Bewertung der erreichten Ziele muss anhand vorher bestimmter Beurteilungskriterien erfolgen. Letztlich sollte darauf geachtet werden, dass die Zuweisung einer Zielvorgabe durch den Vorgesetzten oder deren Abstimmung mit dem Vorgesetzten Auswirkungen auf die Motivation des Mitarbeiters hat. Dieser Unterschied sollte sich im Bonusanspruch widerspiegeln. (4)

Durch Zielvereinbarungen wird dem Mitarbeiter sein Beitrag zum Gesamterfolg des Unternehmens bewusst. Die Einführung von Bonussystemen kann den Anreiz und damit die Leistungsbereitschaft, am Erfolg des Unternehmens mitzuwirken, erhöhen. Für das Unternehmen ist eine detaillierte Aufstellung von Kennzahlen sowie eine interne Veröffentlichung der Zielerreichungsgrade wichtig. Bei eventuellen Abweichungen können so sofort Gegenmaßnahmen ergriffen werden. (7)

Gestaltung von Long-Term-Incentives

Long-Term-Incentives sind Belohnungsformen für Führungskräfte. Die Höhe der Belohnung orientiert sich an der Steigerung des Unternehmenswertes. Im

Folgenden werden mögliche Anreizwirkungen auf Mitarbeiter durch Einführung einer Bonusbank und mittels Aktienoptionsprogrammen dargestellt. (12)

1. Die Bonusbank als Anreizmodell
Die Bonusbank ist ein Instrument, um nachhaltig leistungsorientiertes Denken von Mitarbeitern zu fördern. Hierbei wird ein verdienter Bonus eines Mitarbeiters zunächst auf eine Bonusbank fiktiv oder real eingezahlt und verbleibt dort einige Zeit. Dadurch hat das Unternehmen die Möglichkeit, die Leistungen des Mitarbeiters über einen längeren Zeitraum einzuschätzen. Die künftigen Leistungen werden sowohl im positiven als auch im negativen Sinne mit dem Stand auf der Bonusbank verrechnet. Bei der anschließenden Berechnung der Vergütungshöhe wird die Einlage entweder durch eine Verzinsung, welche sich an der Wertschaffung für die Investoren orientiert, oder über einen Bonusfaktor aufgewertet. Dieser orientiert sich an einer zuvor fixierten Zielgröße. Die Art der Auszahlung der erarbeiteten Boni kann ebenfalls variiert werden. (2)

2. Die Anreizwirkung von Aktienoptionsprogrammen
Die erfolgsbezogene Vergütung mittels so genannter Stock Options geht von der Annahme aus, dass Manager ein erhöhtes Eigeninteresse entwickeln, sowohl den Aktienwert als auch den

Unternehmenswert insgesamt zu steigern. Die Anreizwirkung des Shareholder Values wird als Begründung für den zunehmenden Einsatz dieser Form der Managementvergütung konstatiert. Im Gegensatz zur direkten Beteiligung über Aktien wird das Management bei Optionsprogrammen jedoch nur an positiven nicht aber an fallenden Aktienkursen beteiligt. Weitere Kritikpunkte an Optionsprogrammen sind beispielsweise dadurch geförderte Interessenskonflikte oder wahrgenommene Ungerechtigkeiten im Anreizsystem zwischen dem Einkommen des oberen Managements und Mitarbeitern, weshalb manchmal die Ausweitung der Stock Options auf untere Ebenen befürwortet wird. (10)

Auswirkungen variabler Entgeltsysteme auf Unternehmen und Mitarbeiter

Die Vorteile variabler Entgeltsysteme in Bezug auf die Mitarbeiter liegen in größerer Verantwortung für die erreichten Ziele und damit einhergehend in höherer beruflicher Motivation sowie einem Gefühl von Mitunternehmertum. Eine leistungsorientierte Bezahlung führt auch zu einem besseren Verständnis für das Betriebsergebnis und stärkt letztendlich die Partnerschaft zwischen Mitarbeiter und Unternehmen. Das Unternehmen hingegen profitiert vor allem von einer verbesserten Zielerreichung, einer Steigerung der eigenen Wettbewerbsfähigkeit auf dem Markt sowie einer stärkeren Kundenorientierung. Letztlich ist der Vorteil der Umwandlung von Fixkosten in variable Kosten für das Unternehmen nicht zu unterschätzen. (1)

Mögliche Auswirkungen externer Anreize auf die intrinsische Motivation

Die intrinsische Motivation entsteht im Gegensatz zur materiell beeinflussbaren extrinsischen Motivation aus sich selbst. Es ist nicht notwendig äußere Anreize oder Belohnungen zu schaffen, da allein die Aufgabe für den Mitarbeiter als befriedigend empfunden wird. Eine Zunahme der intrinsischen Motivation ist über zusätzliche externe Belohnung kaum möglich. Vielmehr kann hierdurch ein so genannter Verdrängungseffekt erzeugt werden. Dabei reduziert die Zugabe extrinsischer Anreize die intrinsische Motivation. Daher ist das Herbeiführen intrinsischer Motivation schwieriger als die der extrinsischen Motivation. Das Management kann lediglich die Rahmenbedingungen hierfür schaffen. (11)

Zwei Beispiele zur Umsetzung der Anreizgestaltung als Führungsaufgabe

1. Schaffung eines Umfelds zur Förderung der Mitarbeitermotivation
Für den Mitarbeiter ist in erster Linie eine offene Kommunikation und ein gutes Betriebsklima wichtig. Dabei ist die Förderung zwischenmenschlicher Beziehungen für die Entfaltung der Kreativität von Mitarbeitern sinnvoll. Die sozialen wie auch fachlichen Kompetenzen des Mitarbeiters sind durch Weiterbildung zu fördern. Wichtig ist es, zu erreichen, dass der Mitarbeiter das Gefühl hat, Bestandteil des Unternehmens zu sein. Das Verschwimmen von privater und dienstlicher Zeit sollte erreicht werden, so dass durch eine Erhöhung der intrinsischen Motivation die Arbeit selbst den Anreiz darstellt. Außerdem erhöht sich die Leistungsbereitschaft, wenn Freiräume geschaffen werden können. Dadurch kann Eigeninitiative gefördert werden. Zudem begünstigen flexible Entgeltsysteme sowie

Arbeitszeiten die persönliche Bedürfnisbefriedigung. (1)

2. Einsatz des Employee Relationship Managements (ERM)
Der Erfolg eines börsennotierten Unternehmens kann über den Shareholder Values gesteigert werden. Laut einer Studie aus den USA haben Mitarbeiter einen direkten Einfluss auf den Shareholder Value. Daher ist es sinnvoll, in Mitarbeiter dahingehend zu investieren, dass sie von Routineaufgaben zunehmend entlastet werden, um alle Energie in ihre Kernaufgaben stecken zu können. Mit dem Instrument des ERM kann die Führungsebene eine passende Umgebung für die Entwicklung ihrer Mitarbeiter schaffen. Employee Relationship Management basiert auf zwei Annahmen: Zum einen steigert sich Zufriedenheit und Motivation von Mitarbeitern, wenn diese das Gefühl haben, dass das Unternehmen in sie investiert. Hierfür ist eine offene Kommunikation zwischen Unternehmen und Mitarbeitern unabdingbar. Zum anderen können nur zufriedene und motivierte Mitarbeiter die Kundenzufriedenheit steigern. ERM kann durch bewährte Geschäftsprozesse wie beispielsweise Mitarbeitersteuerung, Mitarbeitersupport und service, integrierte Mitarbeiterbewertung und Talentmanagement umgesetzt werden. (14)

Fallbeispiele

Das Verbesserungsprogramm Bretten 2005 des Traditionsunternehmens Neff GmbH ist ein Programm für den Standort Bretten mit seinen etwa 1200 Mitarbeitern. Hierbei werden unter anderem Motivation und Leistungsbereitschaft von Mitarbeiter durch ein eigenes Gesundheitsmanagement unterstützt. Dabei sollen Angebote zur Förderung der Gesundheit und Fitness der Mitarbeiter umgesetzt werden. Dies soll einen Ausgleich zu den Anforderungen am Arbeitsplatz darstellen. (7)

Die Firmengruppe Würth setzt als Motivationsinstrument einen besonderen Anreiz ein: den Firmenwagen. Die Mitarbeiter erhalten einen Firmenwagen dessen Größe sich an der Leistung des Mitarbeiters im vergangenen halben Jahr orientiert. Der Wagen dient nicht nur als Statussymbol, sondern stellt auch die Leistung und den Erfolg des Mitarbeiters nach Außen dar. Hiermit wird im Unternehmen eine Leistungskultur gefördert. Die Überprüfung der Leistung einzelner Mitarbeiter erfolgt über Zielfestlegungen wie beispielsweise Mindestumsätze. Deuten sich Abweichungen eines

Mitarbeiters von den Zielvereinbarungen an, wird dieser durch seinen Vorgesetzten intensiver betreut. Nach Ansicht des Prokuristen der Würth-Gruppe sind aber auch die nichtfinanziellen Anreize wie Lob und Unterstützung für Mitarbeiter und den Erfolg des Unternehmens wichtig. (6)

Das Montanunternehmen RAG Coal International hat Ende 2002 ein innovatives Vergütungsmodell als Anreizsystem für die Mitarbeiter implementiert: Total Compensation. Hierbei wird von einem gesamten Vergütungspaket gesprochen. Die Zusammensetzung kann vom Mitarbeiter selbst bestimmt werden. Bestandteile der Gesamtvergütung sind neben der Grundvergütung nach fachlicher Kompetenz auch Short-Term- und Long-Term-Incentives, Vorkehrungen zur Altersversorgung sowie entsprechend der Position ein Dienstwagen. Die Vorteile dieses Modells liegen darin, dass Mitarbeiter einen Bezug zwischen Leistung und Vergütung erkennen. Dies erhöht die Leistungsbereitschaft sowie die Identifikation mit dem Unternehmen und fördert so die Erreichung der Unternehmensziele.

Weiterführende Literatur

(1) Die Rolle des Mitarbeiters neu definieren
aus Ernährungsdienst 96 vom 13.12.2003 Seite 004

(2) Bonusbanken als wertorientierte Management-Anreizsysteme
aus Frankfurter Allgemeine Zeitung, 31.03.2003, Nr. 76, S. 23

(3) "Im Vertrieb fehlt Transparenz" McKinsey: Leistung von Mitarbeitern täglich messen - UBS für Leistungslohn
aus Börsen-Zeitung, 02.10.2003, Nummer 190, Seite 19

(4) Rechtliche Tücken bei variablen Ziel- und Anreizvergütungen
aus Personal Nr.10 vom 01.10.2003 Seite 022

(5) Erfolg mit fünf Thesen
aus GEBÄUDE-MANAGEMENT 11-12 vom 02.12.2003 Seite 028

(6) Mit Motivation und Überzeugung zum Erfolg
aus acquisa, Heft 10/2003, S. 52

(7) Immer eine Idee voraus
aus QZ - Qualität und Zuverlässigkeit, Heft 10/2003, S. 960-961

(8) Telekom-Firmen fahren auf Audi ab best4fleet nimmt Österreichs Fuhrparks unter die Lupe
aus WirtschaftsBlatt, 27.11.2003, Nr. 2005, S. 129

(9) Die Chancen nutzen
aus AUTOHAUS, Heft 22/2003, S. 46-47

(10) Risikosuchendes Verhalten als Folge

erfolgsbezogener Anreizsysteme. Effekte von Optionsprogrammen
aus Zeitschrift für Personalforschung (ISSN 0179-6437). 17. Jg., Heft 3, 2003, S. 334-353

(11) Vom Anreizsystem zur nachhaltigen Verhaltensänderung - Die Rolle der Personalentwicklung bei der Einführung von Wissensmanagement
aus ZWF - Zeitschrift für wirtschaftlichen Fabrikbetrieb, Heft 12/2003, S. 657-660

(12) Total Compensation: Instrument der strategischen Personalführung – RAG Coal International setzt als erstes Montanunternehmen auf ein innovatives Vergütungsmodell
aus FB/IE, Nr. 4, 2003, S. 169-175

(13) Wenn sich Mitarbeiter und Führungskräfte nicht mehr engagieren Dienst nach Vorschrift lähmt viele Firmen
aus Computerwoche, 14.11.2003, Nr. 46, S. 52

(14) Sichere Hebelwirkung
aus CYBIZ 11-12 vom 04.12.2003 Seite 048

Impressum

Anreizgestaltung als Führungsaufgabe

Bibliografische Information der deutschen Nationalbibliothek

Die Deutsche Nationalbibliothek verzeichnet diese Publikation in der deutschen Nationalbibliografie; detaillierte bibliografische Daten sind im Internet über http://dnb.d-nb.de abrufbar.

ISBN: 978-3-7379-0157-4

© 2015 GBI-Genios Deutsche Wirtschaftsdatenbank GmbH, Freischützstraße 96, 81927 München, www.genios.de

Alle Rechte vorbehalten. Dieses Werk ist einschließlich aller seiner Teile – z.B. Texte, Tabellen und Grafiken - urheberrechtlich geschützt. Jede Verwertung außerhalb der Grenzen des Urheberrechtsgesetzes bedarf der vorherigen Zustimmung des Verlags. Dies gilt insbesondere auch für auszugsweise Nachdrucke, fotomechanische Vervielfältigungen (Fotokopie/Mikroskopie), Übersetzungen, Auswertungen durch Datenbanken oder ähnliche Einrichtungen und die Einspeicherung und Verarbeitung in elektronischen Systemen.